Komet,
Seite 19
Stern,
Seite 13
Blatt,
Seite 47
Apfeltasche,
Seite 47

KNISTER

Weihnachtszeit - Zauberzeit mit Hexe Lilli

Tolle Ideen zum Basteln und Spielen

KNISTER,

geboren 1952, lebt in Wesel.
KNISTER schreibt Bücher, macht Musikkassetten und CD-ROMs.
Verrückt, lustig und spannend. Immer!
Lieblingsfarbe: BUNT.
Lieblingsessen: Spagetti zu jeder Tageszeit.
Hobby: In einer Rockband spielen.
Sternzeichen: Frosch oder so ähnlich

Linde Jochmann

studierte Sozialpädagogik und Rhythmik.
Sie hat ihre Kenntnisse und praktischen Erfahrungen aus dem Kunst- und Musikschulbereich in die Konzeption dieses Buches eingebracht.

Birgit Rieger

lebt und arbeitet in Berlin. Als freischaffende Grafikerin gestaltet und illustriert sie Bücher für Kinder und Jugendliche.

KNISTER

WEIHNACHTSZEIT-ZAUBERZEIT MIT HEXE LILLI

Tolle Ideen zum Basteln, Spielen und Schenken

Konzeption Linde Jochmann

Mit Illustrationen
von Birgit Rieger

Arena

In neuer Rechtschreibung

2. Auflage 2005

Einband- und Innenillustrationen: Birgit Rieger
Redaktion: Georg Wieghaus
Herstellung: Thomas Brink
Druck und Verarbeitung: Westermann Druck Zwickau GmbH
ISBN 3-401-04770-1
978-3-401-04770-6

www.arena-verlag.de

WAS IST WO?

6 HALLO!

Das ist Lilli.
Sie ist ungefähr so alt wie du und sieht aus wie ein ganz gewöhnliches Kind. Ist sie aber nicht. Denn sie hat ein Hexenbuch. Und mit diesem Hexenbuch hat sie schon die verrücktesten Abenteuer erlebt.

Das ist Leon, Lillis kleiner Bruder. Leon geht noch in den Kindergarten und außerdem seiner Schwester manchmal ganz schön auf die Nerven.

Vielleicht kennst du die zwei aus den verschiedenen Hexe-Lilli-Büchern. Da spielen sie nämlich die absoluten Hauptrollen.

Doch in diesem Buch spielst du selber die Hauptrolle. Weil es hier ausnahmsweise nicht um Geschichten geht, sondern um tolle Ideen, die du allein, zusammen mit deinen Freunden oder mit deiner Schulklasse verwirklichen kannst.

Alle Ideen haben mit der Winter- und Weihnachtszeit zu tun. Der eigentliche Spaß stellt sich hier also erst dann ein, wenn du die Spielideen, Basteleien, Überraschungen und Streiche selbst ausprobierst. Trotzdem verspreche ich dir, dass du auch schon beim Lesen Spaß haben wirst. Weil sich nämlich Lilli höchstpersönlich immer wieder einmischen wird. Und die hat natürlich immer irgendeinen witzigen Quatsch auf Lager.

Übrigens: Diese Sterne sind deine Wegweiser durch das Buch.

Damit siehst du auf den ersten Blick, wo z. B. die Rätsel sind. Die Rätsellösungen stehen hinten. Dort findest du auch ein Register, in dem alle Basteleien, Lieder und Spiele noch einmal aufgeführt sind. Ach, noch was. Es gibt im Buch einen Wunschzettel und drei Einladungen zum Kopieren und Ausfüllen. So, das wär's.

Eine schöne Winter- und Weihnachtszeit
wünscht KNISTER.

8 LATERNENZEIT

Wenn's nachmittags schon dunkel wird,
wenn man mit kurzer Hose friert,
wenn Feldmäuse um Häuser schleichen,
wenn Schnupfennasen nicht mehr weichen,
wenn Vögel auf die Reise gehen,
wenn Bäume ohne Laub dastehen,
dann ist der Winter nicht mehr weit
und endlich ist Laternenzeit.

Im Spätherbst, wenn der Winter vor der Türe steht, wird es schon früh dunkel und Hexe Lilli kann endlich alle Freunde zu ihrem Laternenfest einladen. Sie hat sich etwas Besonderes ausgedacht: Vampire sollen sich ein Stelldichein geben. Nichts für Gäste mit schwachen Nerven also. Höhepunkt soll der Vampir-Laternenumzug sein. Aber vorher gibt es eine Menge zu tun. Damit sich die Vampire auch richtig heimisch fühlen, hat Lilli für sie schaurig blutrünstige Getränke gemixt…

Sie hat aber auch schaurige Lieder gedichtet, schockierende Basteleien ausgetüftelt, Monsterkrachmaschinen entworfen und, und, und . . . Vielleicht willst du mit deinen Freundinnen und Freunden ja auch ein echt gruseliges Laternenfest veranstalten. Aber Achtung! Um Punkt zwölf Uhr Mitternacht muss Schluss sein mit dem Laternenumzug, sonst könnte es passieren, dass dann wirklich echte . . .

EINLADUNG

Hallo .... !

Feierst du mit mir und meinen Vampirfreunden am .... ein vampiriges Laternenfest? Um .... Uhr beschwören wir die Gruselmonster. Dann ist es zwar noch nicht ganz dunkel, aber wir brauchen Zeit, um uns auf den gruseligen Laternenumzug vorzubereiten.

Meine Behausung findest du hier: ....

Mut solltest du mitbringen. Taschenlampe darfst du mitbringen. Knoblauch mitzubringen ist allerstrengstens verboten!

Um .... Uhr ist der Umzug beendet und du kannst dich von deinen Eltern oder dem Friedhofsgärtner abholen lassen.

....

10 LATERNENZEIT

Wenn alle Gäste eingetroffen sind, geht's ans Basteln der schaurig-schönen Laternen. Lilli hat die Materialien vorbereitet. Sie erklärt ihren Gästen, dass beim Gruselumzug nicht jedes Kind eine Laterne tragen kann. Denn einige sollen auch beim Monsterorchester mitmachen und die Monsterinstrumente spielen.

Seitenteil:
In den langen Streifen aus Tonpapier schneidet man 1 cm tiefe Zacken in beide Längsseiten. Die Zacken werden nach innen geknickt und am Gesichtsumriss festgeklebt.

Vampirlaterne

- schwarzes Tonpapier
- rotes Transparentpapier
- Drahtbügel
- Laternenstiel

Die **Vampirflügel** so einschneiden, wie auf der Schablonenvorlage angedeutet. Dann kann man sie auf das Seitenteil kleben.

Frontteile der Laterne:
Aus dem Tonpapier (23 x 23 cm) werden zwei Ringe geschnitten (1,5 bis 2 cm breit). Das sind die Gesichtsumrisse. Dann werden Augen, Vampirmund, Ohren und Flügel ausgeschnitten. (Umrisse für die Schablonen sind vorne im Buch.) Die Gesichter werden nun auf das rote Transparentpapier geklebt. Die Ohren hinten auf den Ring.

Noch während der Bastelarbeiten bringt Lilli ihren Gästen das starke Vampirlied bei. Es wird auf eine ganz bekannte Melodie gesungen und ist darum besonders leicht zu lernen.

„Schuhuh! Schuhuh!", ruft der Vampir

Zu singen auf die österreichische Volksweise „Kuckuck! Kuckuck!, ruft's aus dem Wald"
Text und Satz: KNISTER

Erst wenn alle Laternen fertig sind, knipst Lilli das Licht aus. Die flackernden Laternen tauchen den Raum in stimmungsvolles Gruselllicht – genau die richtige Beleuchtung für Lillis Monstermahl.

Blutpunsch

- 1 Flasche Kirschsaft
- 1 ungespritzte Zitrone
- 1 Nelke
- 1 Zimtstange
- 1 gepresste Orange
- Zucker nach Geschmack

Lilli wäscht die Zitrone heiß ab und schneidet sie in Scheiben. Anschließend erhitzt sie den Kirschsaft mit den Scheiben, der Nelke und der Zimtstange in einem Topf. Nachdem der Punsch etwa 5 Minuten gezogen hat, angelt sie mit einem großen Löffel oder Sieb die Gewürze und Zitronenscheiben heraus und gibt den Orangensaft hinzu. Dann macht sie den Zucker-Leon-Test. Verzieht Leon beim Probieren das Gesicht, ist der Punsch zu sauer. Strahlt er, so ist der Punsch richtig gezuckert. Natürlich wird der Punsch heiß getrunken!

Kannibalisches Vampirbrot

- 150 g Quark
- 75 g Zucker
- 1 Päckchen Vanillezucker
- 1 Prise Salz
- 6 EL Öl
- 4 EL Milch
- 300 g Mehl
- 1 Päckchen Backpulver

Lilli verrührt den Quark mit Zucker, Vanillezucker, Salz, Öl und Milch. Dann siebt sie das mit Backpulver vermischte Mehl über die Quarkmasse. Mit einem Löffel rührt

sie alles gut um und knetet die Masse anschließend mit den Händen zu einem geschmeidigen Teig. Das Kneten macht großen Spaß. Aber Lilli knetet nicht zu

lange, weil sie weiß, dass der Teig sonst zu klebrig wird.

Nun formt sie den Teig auf einer bemehlten Fläche zu schaurig-schönen Figuren. Anschließend wird das Backblech gut ein-

gefettet und die Gruselfiguren werden darauf gelegt. Lilli bestreicht die Oberfläche mit verquirltem Eigelb.

Der Backofen ist schon auf vampirfeindliche 200 Grad vorgeheizt. Vorsichtig schiebt Lilli die Figuren hinein und lässt sie etwa 30 Minuten lang backen.

Vampirzähne

- 4 Eiweiß
- 75 g Zucker
- 1 TL Zitronensaft
- blutrote Marmelade

Mit einem Handrührgerät schlägt Lilli das Eiweiß zu steifem Schnee. Dann lässt sie den Zucker und den Zitronensaft langsam hineinrieseln.

Von einer Gefriertüte schneidet sie eine kleine Ecke ab und füllt die Eischneemasse ein. Mit dieser Schreibtüte spritzt Lilli nun die Vampirzähne auf ein mit Backpapier ausgelegtes Backblech.

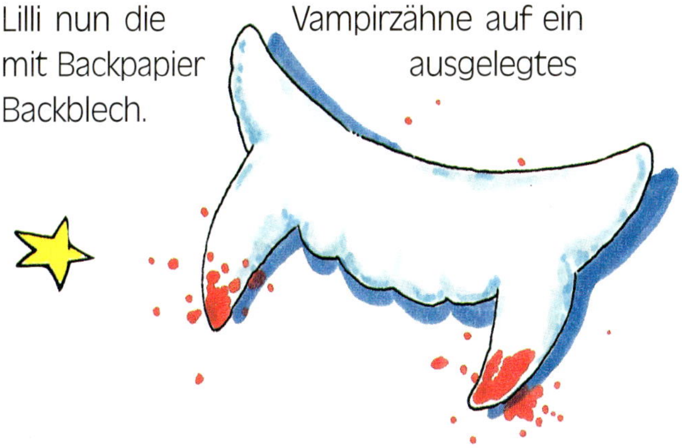

Die Vampirzähne werden bei 120 Grad eineinhalb Stunden lang im Backofen durchgehärtet. Aber Achtung! Schon nach 45 Minuten müssen sie mit Pergamentpapier abgedeckt werden, damit sie nicht gelb werden.

Nach dem Backen lässt Lilli die Zähne kalt werden und bemalt die Spitzen mit der blutroten Marmelade.

Monster-Krachmaschinen

Das Basteln der Monster-Krachmaschinen dauert nicht lange, da Lilli alles gut vorbereitet hat.

Glöckchenbänder, um Fuß- und Handgelenk gebunden, ergeben die richtige Musik für Vampir- und Hexentänze.

Mit den echten **Vampirweckern,** gebastelt aus Perlen, Schnüren und leeren Kaffeedosen, wecken aufgeweckte Kinder Monster, Eltern und nervige Geschwister auf.

Eine tolle **Schepperschlange** aus aneinander gebundenen leeren Konservendosen jagt Geister und böse Nachbarn in die Flucht.

Aus Blumendraht, mehreren Kronkorken und Flaschenverschlüssen werden **Monster-Rasseln** gebaut.

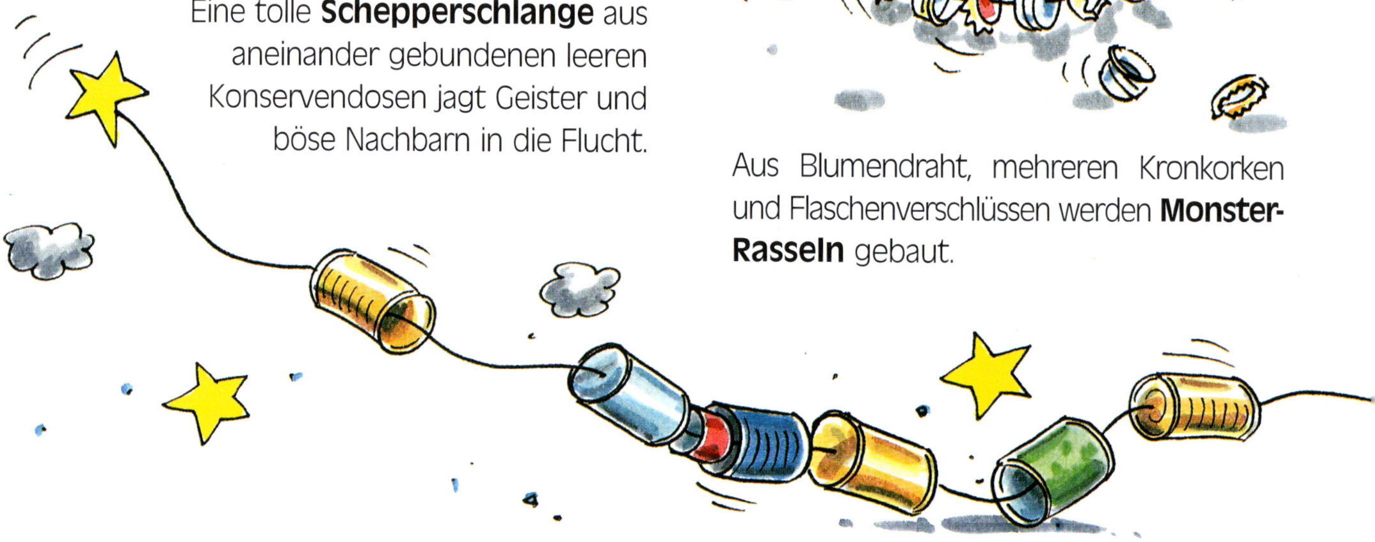

Monsterorgeln bestehen aus Kämmen, um die Butterbrotpapier gefaltet wird. Beim Gesang an die Lippen gehalten, bringen sie sogar die stärksten Nerven zum Zerreißen.

Aus Kartons, Plastikkanistern, mit Steinen gefüllten Dosen oder Topfdeckeln lassen sich teuflische Trommeln und Rasseln bauen.

In eine Gießkanne gebrüllte Schrecklaute lassen selbst Mumien erschauern.

LATERNENZEIT

Bevor es zum großen Umzug geht, muss nur noch ein Lied einstudiert werden. Auch diese Melodie kennt fast jeder. Der Monstergesang ist eher laut als schön. Aber das stört außer Lillis Nachbarn niemanden. Und natürlich wird der Schmettergesang vom Monsterorchester lautstark begleitet.

Ich feier mit meinen Freunden

Zu singen auf die bekannte Melodie „Ich geh mit meiner Laterne".
Text und Satz: KNISTER

Kommt lasst uns die Nachbarn
erschrecken, mit uns'rem Gruselgesang.
Wir woll'n die Laternen hochrecken, bis
and'ren wird angst und bang.
Vampire poltern um das Haus.
Rabimmel, rabammel, rabum. Bum, bum.
Für uns ist Lärm ein Ohrenschmaus.
Rabimmel, rabammel, rabum. Bum, bum.

Wir selbst fürchten nur noch die Sonne,
uns gruselt vor Tageslicht.
Drum leuchten auch uns're Laternen am
helllichten Tage nicht.
Vampire schleichen um das Haus.
Rabimmel, rabammel, rabum. Bum, bum.
Nach Knoblauch stinkt's, der Spuk ist aus!
Rabimmel, rabammel. Zu dumm, zu dumm!

Nun marschiert die ganze Gruselbande los. Das ist ein Lärmen und Lachen, dass selbst den echten Vampiren in ihren Grüften und Särgen die Haare zu Berge stehen.

ADVENT, ADVENT

Wer kennt es nicht . . .:
„Advent, Advent,
ein Lichtlein brennt.
Erst eins, dann zwei, dann drei, dann vier.
Dann steht das Christkind vor der Tür."

Hexe Lilli und ihre Schulklasse machen sich in der Vorweihnachtszeit oft einen Spaß daraus, solche bekannten Gedichte zu verquatschen. Dabei kommt dann manchmal so etwas heraus:

Dann endlich haben wir Advent

Advent, Advent, ein Lichtlein brennt.
Erst eins, dann zwei, dann drei, dann vier.
Dann steht das Christkind vor der Tür.
Dann fünf, dann sechs, dann sieben, acht,
hab ich da nicht was falsch gemacht?
Dann Lichtlein neun und Lichtlein zehn,
so kann's bis Ostern weitergehn.
Zum Sommeranfang steckt man dann
das fünfhundertste Lichtlein an.
Im Herbst, da brennen noch viel mehr.
Zum Glück kommt jetzt die Feuerwehr.
Wenn nach dem Löschen nichts mehr brennt,
dann endlich haben wir Advent!

Im Buch „Hexe Lilli und der Weihnachtszauber" findest du weitere Quatschgedichte.

Jetzt sind es nur noch vier Wochen bis Weihnachten. In Lillis Schulklasse ist längst das Adventsfieber ausgebrochen. Die Kinder möchten unbedingt zu Hause einen Adventskalender basteln. Frau Grach, die Lehrerin, gibt ihnen einen Tipp:

- 1 Kleiderbügel mit Querstange
- blaues Band
- 24 leere Streichholzschachteln
- gelber Tonkarton
- Goldschnur
- 1 Stück Schnur

Adventskalender „Sternenhimmel"

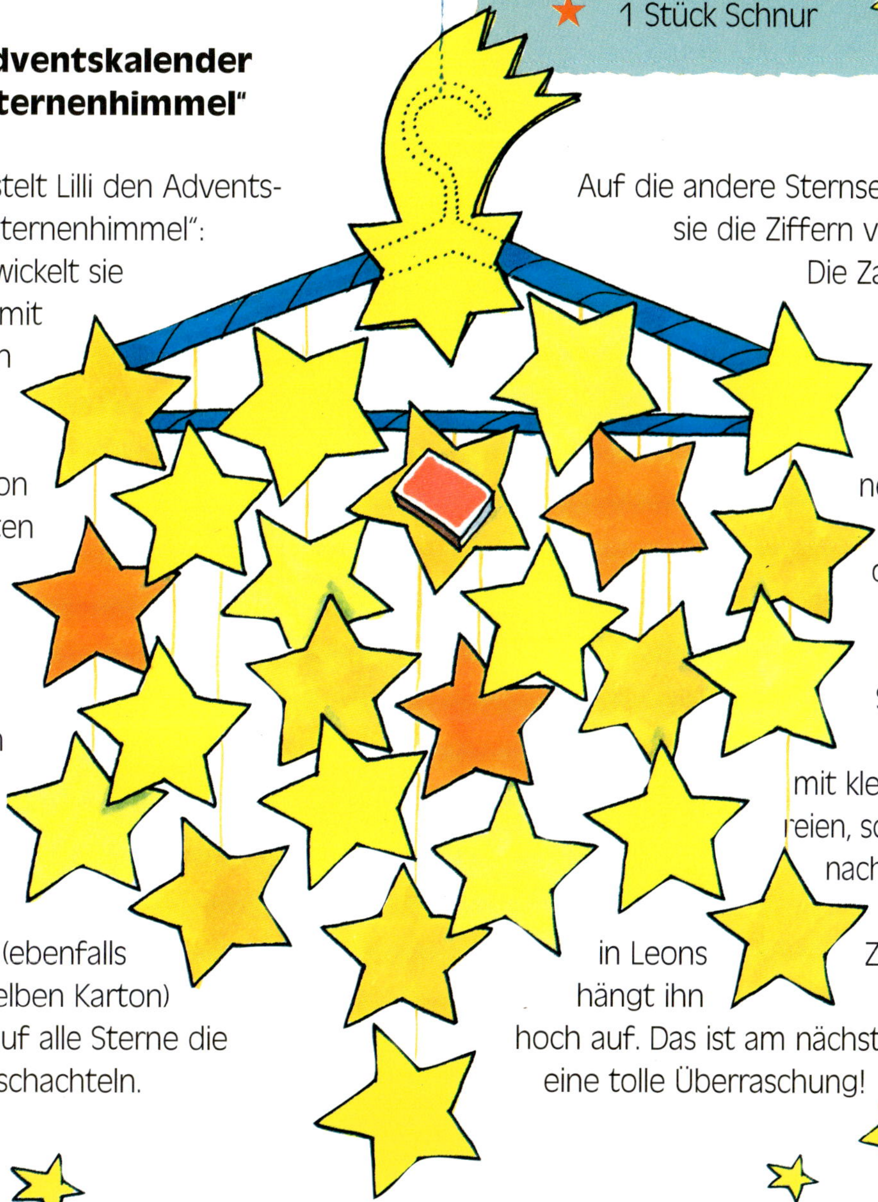

Und so bastelt Lilli den Adventskalender „Sternenhimmel": Zuerst umwickelt sie den Bügel mit dem blauen Band. Den Haken verdeckt sie von beiden Seiten mit aus gelbem Tonkarton ausgeschnittenen Kometen. Dann schneidet sie 24 Sterne aus (ebenfalls aus dem gelben Karton) und klebt auf alle Sterne die Streichholzschachteln.

Auf die andere Sternseite schreibt sie die Ziffern von 1 bis 24. Die Zahlen sehen besonders schön aus, wenn man sie mit einem Lackstift (Ton: Gold oder Glitter) schreibt. Lilli füllt die Streichholzschachteln mit kleinen Leckereien, schleicht sich nachts mit dem Kalender in Leons Zimmer und hängt ihn möglichst hoch auf. Das ist am nächsten Morgen eine tolle Überraschung!

In Lillis Schulklasse wird ein wunderschöner Riesen-Adventskalender gebastelt.
Auf den aufgeblasenen Riesenballon kleben die Kinder mit Tapetenkleister 5 bis 6 Lagen zerrissenes Zeitungspapier. Jede Schicht muss trocken sein, bevor die nächste Schicht aufgetragen wird. Nach dem Aushärten wird der Ballon bemalt und verziert. Der ebenfalls verzierte Karton wird als Gondel unter den Ballon gebunden. An der Gondel befestigen die Kinder ihre zu Hause mit ein paar kleinen Überraschungen gefüllten Säckchen..

Adventskalenderballon

- 1 sehr großer Luftballon (Spielwarengeschäft)
- Tapetenkleister
- Zeitungspapier
- 1 kleiner Karton
- Buntpapier und Goldfolie
- dunkelblaue Plakafarbe
- Kordel oder bunte Bänder
- großer Gardinenring

Vor dem ersten Dezember losen die Kinder mit Zettelchen aus, welches Kind an welchem Tag ein Ballon-Säckchen abschneiden darf. Die Klassenlehrerin achtet vielleicht darauf, dass manche Tage doppelt gelost werden, damit auch jedes Kind etwas bekommt.

Die Bänder, die die Gondel halten sollen, werden oben am Haltering verknotet. Bänder im oberen Drittel des Ballons festkleben.

Säckchen

- Krepppapier (2 Lagen)
- Filz, Folie oder bunter Stoff
- Geschenkband (ca. 25-30 cm)

Die 4 Zipfel hochschlagen und fest zusammenschnüren. Das lange Bandende wird am Kastenboden befestigt.

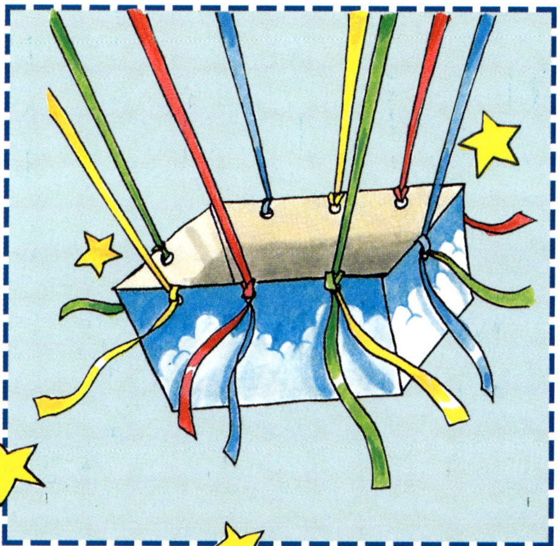

Kartonseiten an 8 Stellen durchlöchern, Bänder durchziehen und verknoten.

So werden die Säckchen an der Gondel befestigt. Den Kartonboden durchlöchern, dann Bänder innen mit Streichhölzern sichern.

Wunschzettel

Heute beginnt die Schulstunde mit einem Frühstück bei Kerzenlicht. Dabei spricht die Lehrerin mit den Kindern über ihre Weihnachtswünsche. Die Kinder denken sich Wünsche aus, die nichts kosten.

Anschließend machen die Kinder eine spezielle Schulwunschliste und überreichen sie der Lehrerin.

Zu Hause will Lilli sich einen eigenen Wunschzettel machen. Aber sie hat sich etwas Besonderes ausgedacht: Die Empfänger dürfen den Wunschzettel mitbestimmen. Und damit Leon auch was davon hat, hat sie ein paar Zeilen für ihn frei gelassen, in die sie seine Wünsche eintragen kann.

Dann fotokopiert sie ihren Zettel und malt ihn schön bunt an. Fertig!

Neuartiger interaktiver

WUNSCHZETTEL

von ....

für Weihnachten, Geburtstage, Kommunion, Konfirmation oder...

Ich wünsche mir von Mama:

- dass sie ein Spiel mit mir spielt;
- dass sie mir von ihrer ersten Liebe erzählt;
- dass sie mich einmal zu ihrer Arbeit mitnimmt;
- dass ich so lange fernsehen darf, wie ich will.

Ich wünsche mir von Papa:

- dass er mich einmal zu seiner Arbeit mitnimmt;
- dass er mir von seiner ersten Liebe erzählt;
- dass er mir erzählt, wie er als Kind gelogen hat (mindestens 3 Lügen);
- einen Tag im .... mit ihm ganz allein.

Ich wünsche mir von

....

- einen Kinobesuch;
- jeden Abend vorlesen, und zwar das Buch .... ;
- dass wir zusammen einen Streich ausdenken und ausführen;
- dass mein Fahrrad geputzt wird.

Ich wünsche mir von:

....

- Er/sie muss erzählen, wie er/sie sich einmal ganz besonders dumm angestellt hat.
- Er/sie muss erzählen, was sein/ihr größter Fehler ist.
- Er/sie muss erzählen, wovor er/sie sich am meisten fürchtet.

Liebe Wunschzettelempfänger! Dies ist ein Spezial-Wunschzettel. Ihr selbst dürft mitbestimmen, welche Wünsche ihr erfüllen wollt. Es müssen aber mindestens zwei sein. (Natürlich könnt ihr auch alle ankreuzen.)

24 ADVENT, ADVENT

Nachdem die Kinder in Lillis Klasse so lange über ihre Wünsche gesprochen haben, wünscht sich auch Frau Grach etwas, und zwar ein Spiel:

Das Quatschgeschenkspiel

Die Kinder sitzen im Kreis. Alle denken sich ein möglichst ausgefallenes Geschenk aus. Dann flüstert jeder seinem linken Nachbarn den Namen seines Geschenkes ins Ohr. Lilli darf beginnen. „Ich schenke dir ein Nashornbaby", flüstert sie ihrer linken Nachbarin ins Ohr. Diese schenkt ihrem linken Nachbarn ein Fernrohr. Dessen linker Nachbar bekommt einen Bulldozer geschenkt. So geht es weiter reihum, bis alle dran waren.

Das Kind, das begonnen hat, flüstert nun seinem rechten Nachbarn Folgendes ins Ohr: „Gehe damit einkaufen!" Jeder flüstert also seinem rechten Nachbarn ins Ohr, was er mit seinem Geschenk machen soll.

Der eigentliche Spaß stellt sich erst nach Beendigung dieser Runde ein. Wenn nämlich alle erzählen, was ihnen geschenkt wurde und was sie damit machen sollen.

Es ergeben sich die verrücktesten Kombinationen, wie etwa: „Ich habe eine Taucherausrüstung bekommen und soll damit auf die Schule klettern." Oder: „Ich habe ein Pferd bekommen und soll es mit ins Kino nehmen."

ADVENT, ADVENT

25

Na, so was: Frau Grach ist anscheinend vom Adventsfieber angesteckt worden. Eines Morgens überrascht sie die Kinder mit einigen merkwürdigen Worten, die sie vor Unterrichtsbeginn an die Tafel geschrieben hat. Aber die Kinder merken schnell, was mit diesen seltsamen Rätselworten los ist, und brauchen auch nicht lange, um die geheimnisvolle Schrift zu lesen.

Am 4. Dezember ist der Tag der heiligen Barbara. An diesem Tage schneidet man einem alten Brauch zufolge einen Zweig, der am Heiligen Abend aufblühen soll.

Barbarazweige

Warum blüht ein Zweig mitten im Winter? Nun, die Natur wird gewissermaßen ausgetrickst. Dem Zweig wird in der warmen Wohnung vorgegaukelt, dass der Frühling begonnen hat. Gut geeignet sind Kirsch- oder Apfelbaumzweige.

Anfang Dezember schneidet Lilli einen Zweig. Um ihn zu überlisten, legt sie ihn für einige Stunden ins Eisfach. Danach lässt sie ihn im kühlen Keller langsam auftauen. Am nächsten Tag schneidet sie ihn am Stielende ein und holt ihn in die warme Wohnung. Jeden Tag bekommt er frisches Wasser und wird mit Traubenzucker gefüttert. Jetzt hofft Lilli, dass er Weihnachten aufblühen wird. Falls es aber mit der winterlichen Blütenpracht nicht klappt, will sie den Barbarazweig trotzdem mit Bändern und Sternen schmücken, um ihn ihrer Patentante als Weihnachtszweig zu schenken.

Jetzt fehlen nur noch die passenden Geschenkvasen für den Barbarastrauß.

Geschenkvasen

- Saft- oder Weinflaschen
- Strohhalme
- Geschenkband/Kordel
- farbiges Papier
- Stecknadeln
- Goldfolie

Lilli hat sich leere Saft- und Weinflaschen besorgt und gründlich gespült. Sie streicht eine Flasche mit Kleber ein und klebt Strohhalme ganz dicht nebeneinander rund um die Flasche. Dann bindet sie unten um die Flasche und um den Flaschenhals ein Geschenkband und verknotet es mit einer schönen Schleife. Zum Schluss schneidet sie die Strohhalme gleichmäßig ab.

Eine andere Flasche bekommt ein Kordelkleid. Lilli wickelt eine Kordel von unten nach oben ganz eng um die Flasche, bis vom Glas nichts mehr zu sehen ist. Damit die Schnur nicht verrutschen kann, klebt Lilli sie mit Kleber am Glas fest. Um den Hals bekommt die Flasche noch einen Hexentreppen-Kragen. Jetzt fehlen nur noch die Goldsterne. Lilli schneidet sie aus der Goldfolie aus und befestigt sie dann mit Stecknadeln am Kordelkleid der Flasche.

Hexentreppe

Natürlich ist Lillis Hexentreppe keine Zauberei, sie ist ganz leicht nachzumachen: Aus Tonpapier oder Goldfolie zwei 2 cm breite und 30 cm lange Streifen schneiden. An den Ecken rechtwinklig aufeinander kleben und dann die Streifen abwechselnd übereinander falten. Die beiden Enden werden wieder zusammengeklebt.

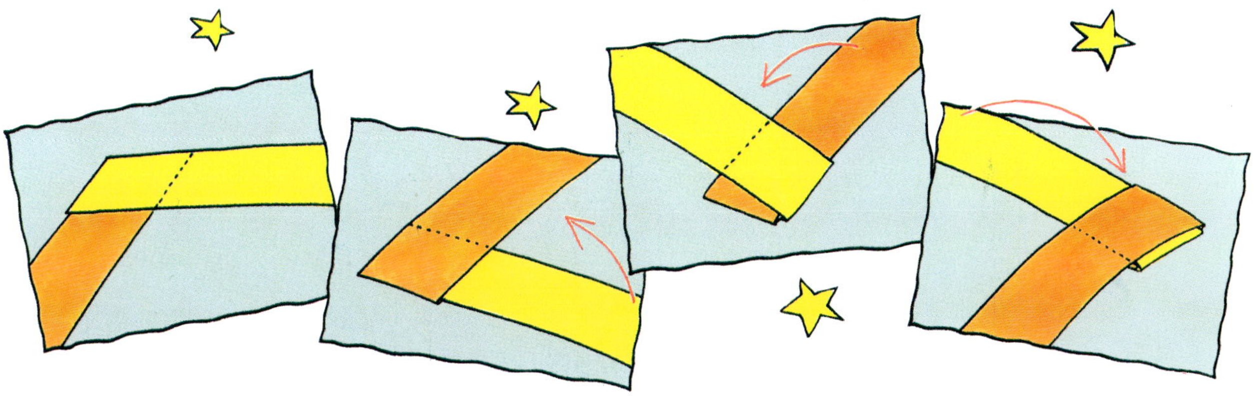

Weihnachtssterndose

- roter und grüner Filz
- gelbe Perlen
- Schnur
- Pralinenschachtel oder Kaffeedose

2

Eine Schnur ist 30 cm lang. Wenn man sie in 1 cm lange Stücke schneiden will, wie viele Schnitte muss man dann machen?

Der Weihnachtsstern ist eine Blume, die zur Weihnachtszeit blüht.
Lilli bastelt die Blume aus rotem Filz nach.

Sieben gleich große Blätter (ein Blatt zum Abpausen findest du ganz hinten im Buch) werden in der Mitte gefaltet und abwechselnd mit gelben Perlen auf eine Schnur gezogen und dann zu einer Blüte geformt.
Diese Blume wird auf die mit grünem Filz beklebte Kaffeedose oder Pralinenschachtel genäht.

Gefüllt wird die Geschenkdose mit Zimtmandeln, gebacken nach einem alten Rezept von Lillis Großmutter.

Omas Zimtmandeln

- 200 g Zucker
- 4 Esslöffel Wasser
- ½ Teelöffel Zimt
- 500 g abgezogene Mandeln
- etwas Öl

3

Lilli erhitzt 200 g Zucker mit 4 EL Wasser und ½ Teelöffel Zimt unter Rühren, bis der Zucker schmilzt. In diese Masse gibt sie 500 g abgezogene Mandeln und wartet dann, bis alle Mandeln mit Zucker überzogen und leicht angebräunt sind. Anschließend legt sie die Mandeln zum Abkühlen auf eine geölte Platte. Dabei passt sie natürlich auf, dass sie sich nicht verbrennt.

4

Bastelstunde in der Schule: Lilli schneidet aus einem Blatt Papier einen Stern (zum Abpausen findest du hinten im Buch eine Vorlage).
Dann faltet sie die Zacken fest nach innen. Sie füllt eine große Schüssel, die sie von zu Hause mitgebracht hat, mit Wasser und stellt sie auf den Lehrertisch. Alle Kinder schauen zu. Lilli fragt: „Was wird wohl geschehen, wenn ich diesen Stern ins Wasser lege?"

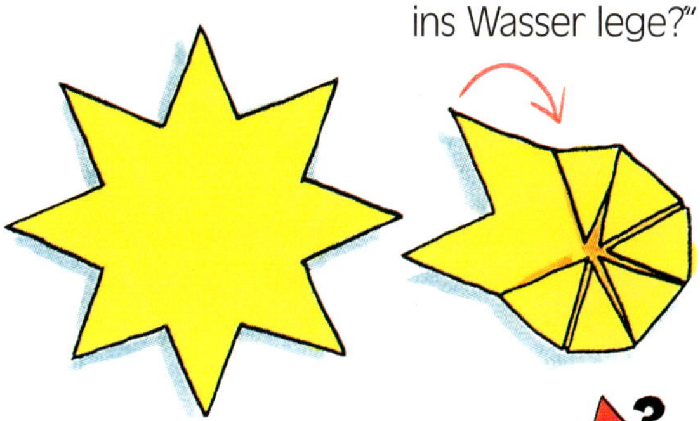

5

Lilli legt aus 18 Streichhölzern einen Weihnachtsstern. Sie fragt: „Wer schafft es, sechs der Zündhölzer so umzulegen, dass der Stern sich in sechs gleich große Vierecke verwandelt und einen anderen Stern bildet? Bedingung ist, dass nur die 18 Hölzchen verwendet werden dürfen und keines hinzugefügt werden darf."

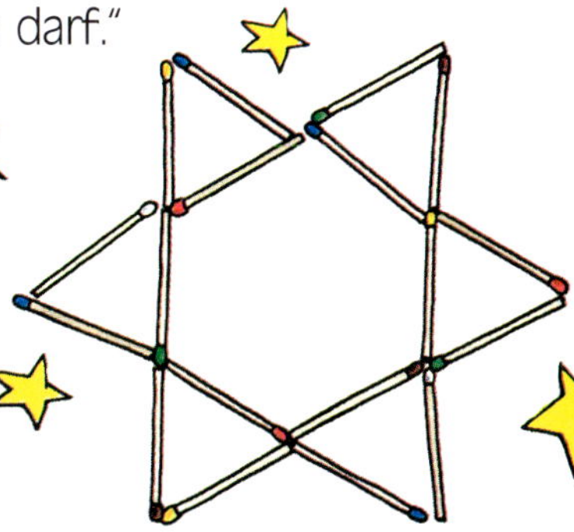

Nikolaus, verrate mir

Text und Satz: KNISTER

2. Nikolaus, verrate mir,
hast du vielleicht auch Kinder?
Mit denen du Kassetten hörst
und manchmal auch die Nachbarn störst?
Sind deine Kinder genau wie ich
oder immer lieb und ordentlich?

3. Nikolaus, verrate mir,
hast du vielleicht ein Fahrrad?
Mit dem du durch die Matsche braust
und dich dabei total versaust?
Im Sommer, beim Radeln,
behältst du auch dann Pelzstiefel,
Mantel und Hausschuhe an?

4. Nikolaus, verrate mir,
putzt du dir gern die Zähne?
Ob du beim Haarewaschen schreist,
wenn Seife in den Augen beißt?
Mir kannst du's sagen,
mir allein,
es soll unser
Geheimnis sein!

Andere Länder – andere Sitten. Aber fast überall bringt der Nikolaus Geschenke. In den Niederlanden findet sogar die ganze Weihnachtsbescherung am Nikolaustag statt. Und überall kommen die Kinder auf die tollsten Ideen, um dem Nikolaus das Schenken zu erleichtern. Alle möglichen Behältnisse werden am Nikolausabend vor die Türe gestellt oder gehängt. Am gebräuchlichsten sind sicher Nikolausteller, Nikolausstiefel und Nikolaussocken.

Lilli fragt ihre Mutter nach Einzelsocken. Die gibt es in jedem Haushalt, weil es immer wieder vorkommt, dass einzelne Socken in der Wäsche verloren gehen – und das nicht nur zur Weihnachtszeit. Die Socken werden von Lilli besonders liebevoll geschmückt und dann auf eine Wäscheleine im Flur gehängt. Gummistiefel eignen sich übrigens besonders gut als Nikolausstiefel. Natürlich sucht Lilli sich Papas Stiefel aus, weil da am meisten reingeht! Sie umwickelt den Stiefel mit Geschenkpapier, das sie mit Klebestreifen befestigt. Auf das Papier klebt sie Sterne. Und auf den oberen Stiefelrand legt sie aus Watte einen Pelzring. Zum Schluss noch einen Tannenzweig hinein – aber nicht zu groß, damit auch ordentlich Platz für Geschenke bleibt.

Lilli enthüllt eines der bestgehüteten Geheimnisse: das Aussehen der Nikolausfamilie!
Zuerst schneidet sie aus Pappe Schablonen (Vorlagen sind hinten im Buch).
Dann geht's ans Backen.

Nikolausfamilienteig

- 300 g Butter oder Margarine
- 250 g Puderzucker
- 125 g Speisestärke
- ½ Tasse Milch
- 1 Ei
- 1 Prise Salz
- etwas abgeriebene Zitronenschale
- 500 g Mehl

Lilli verrührt die Margarine mit dem Puderzucker und der Speisestärke und fügt Milch, Ei, Salz und Zitronenschale hinzu. Zum Schluss siebt sie das Mehl darüber und verrührt alles sorgfältig. Diesen Teig rollt sie halbfingerdick aus und legt ihre Schablonen darauf. Mit einem spitzen Messer fährt sie nun drum herum und legt die Teigfiguren auf ein gut eingefettetes Backblech. Das Blech schiebt sie in den auf 180 Grad vorgeheizten Backofen und lässt die Figuren 15 Minuten backen.

Bevor sie ans Verzieren geht, muss Lilli noch einmal den Kochlöffel schwingen. Nikoläuse und Nikoläusinnen lieben die Farben Rot und Weiß. Also stellt Lilli zwei Sorten Zuckerguss als Grundfarbe her.

Nun endlich kann Lilli ihrer Phantasie freien Lauf lassen. Solange der Zuckerguss noch nicht getrocknet ist, wird mit ihm die Nikolausfamilie geschmückt und herausgeputzt.

Zum Verzieren:

Schokoblätter,
Lakritzbänder,
Lakritzstäbchen,
Krokant,
Nüsse,
Liebesperlen,
und …

Roter Nikolaus-Spezial-Zuckerguss

★ 200 g Puderzucker
★ 1 EL Zitronensaft
★ rote Speisefarbe

Weißer Zuckerguss

☆ 100 g Puderzucker
☆ 1 Eiweiß

(für weitere Farben: mit dem weißen Guss Kakaopulver oder Speisefarben verrühren)

Eine merkwürdige Geschichte

6?

Auf seinem langen, langen Weg gerät der Nikolaus in einen Schneesturm. Mühsam kämpft er sich durch das dichte Schneetreiben und kommt völlig vom Weg ab.

Erst mit Einbruch der Nacht erreicht er gottlob eine rettende Hütte. Die bietet zwar Schutz vor Schnee und Wind, aber drinnen ist es kalt und fast stockfinster. Erst langsam gewöhnen sich seine Augen an das spärliche Licht und er entdeckt in einem offenen Kamin ein dickes Holzscheit. Auf einem Tisch liegen ein winziger Kerzenstummel und eine dicke Zigarre. Schließlich kann er in einer besonders finsteren Ecke sogar einen Stapel klein gehacktes Holz und eine Öllampe erkennen. Erleichtert durchwühlt der Nikolaus seine tiefen, tiefen Manteltaschen. Umständlich kramt er hervor: Pfeffernüsse, Marzipanplätzchen, Mandelkerne und dann schließlich eine Zündholzschachtel.

Aber, oh weh! In der Schachtel befindet sich nur noch ein einziges Streichholz. Bedächtig schaut er sich im Raum um. Er denkt und grübelt, denn es will genau überlegt sein, was er zuerst anzündet. Weißt du, was es ist?

Der Frottee-Nikolaus

- 1 roter Waschhandschuh
- 65 cm grünes Geschenkband (1 cm breit)
- 1 Walnuss
- 1 Apfelsine
- Watte für den Bart
- 1 Stück brauner Stoff (etwa 7 x 10 Zentimeter)

Lilli wählt zum Abbinden des Handschuhs die Mitte des Bandes, weil die frei bleibenden langen Enden später zum Festschnüren des Säckchens benötigt werden.

Wenn sie den doppelten Knoten macht, achtet sie besonders darauf, dass er auf der Naht des Waschhandschuhs sitzt. Die dem Knoten gegenüberliegende Zipfelseite stopft sie nach innen, um Platz für das Walnussgesicht zu schaffen. Die Apfelsine gibt dem Nikolaus Standfestigkeit.

Nun braucht Lilli nur noch das Säckchen zu fertigen. Sie näht den doppelt gelegten Stoffstreifen an zwei Seiten zusammen und krempelt ihn um. Dann bindet sie ihn, mit einer kleinen Überraschung gefüllt, dem Nikolaus auf den Rücken.

7?

Dieser Spruch besteht aus 8 Silben und das Haus aus 8 Strichen.

Wie kann man die Figur in einem Strich zeichnen, ohne den Stift abzusetzen?

Rentiereinmaleins

8?

Die Rentiere vom Nikolaus sind vor den Schlitten gespannt. Eines geht vor zweien, eines geht zwischen zweien und eines geht hinter zweien. Wie viele Tiere sind es?

9 Ruprecht-Rechenaufgabe

Der Nikolaus und sein Knecht Ruprecht sind unterwegs. Beide schleppen mehrere schwere Säcke.
„Meine Säcke sind so schwer", stöhnt Knecht Ruprecht.
„Jetzt beschwer dich nicht", sagt der Nikolaus. „Wenn ich dir nur einen von deinen Säcken abnehme, trage ich doppelt so viele Säcke wie du. Würdest du mir aber einen Sack abnehmen, tragen wir beide dieselbe Anzahl."
Wie viele Säcke trägt jeder?

Eins rechts – eins links … 10

In der Nikolauswerkstatt stricken vier Nikoläuse an vier Tagen gemeinsam vier Wintersocken, also zwei Paar.

Wie viele Nikoläuse stricken an zehn Tagen fünf Paar Wintersocken?

38 BACKFESTIVAL

Für das Backfestival hat Lilli am Vorabend mit Mama und Leon einen Honigkuchenteig und den Nikolausfamilienteig (Rezept von Seite 32) vorbereitet.

Honigkuchen

- 200 g Honig
- 50 g brauner Zucker
- 75 g Margarine
- 400 g Mehl
- 1 Ei
- 2 TL Honigkuchengewürz
- 1 Messerspitze Pottasche
- 1 Messerspitze Hirschhornsalz
- 2 EL Milch

In einem Topf erhitzt Lilli den Honig und löst darin den braunen Zucker und die Butter auf.
Nach dem Abkühlen siebt sie Mehl in eine Schüssel, gibt Ei und Gewürz dazu und verrührt alles von der Mitte aus mit dem Honiggemisch. Zuletzt verknetet sie in Milch aufgelöste Pottasche und das Hirschhornsalz mit dem Teig.
Dieser Teig muss ohne Handschuhe und Schal eine Nacht lang im Kühlschrank übernachten.

Beim Backfestival rollt jedes Kind seinen Teig messerrückendick aus und formt mit Plätzchenausstecher oder Messer seine Figuren. Verziert wird mit Mandeln, Nüssen, Pinienkernen, Streusel, Schokolinsen und sonstigem Süßkram.

Wer es besonders glänzend liebt, kann Glasuren auftragen.

Zuckerglasur:
aus 250 g Puderzucker und 3 EL heißem Wasser.

Eigelbglasur:
aus 250 g Puderzucker, 2 Eigelb und 2 EL Milch.

Schokoglasur:
aus 250 g Puderzucker, 30 g Kakao, 3 EL heißem Wasser und 25 g zerlassenem Kokosfett.

EINLADUNG

Backe, backe Kuchen,

die/der .... hat gerufen.
Backe, backe Plätzchen,
wir machen gerne Mätzchen.
Es braucht mehr als sieben Sachen,
soll das Kneten Freude machen:
Zucker und Schmalz, Eier und Salz,
Butter und Mehl, Safran macht die Bäcker scheel.
Wer nicht kommt zur rechten Zeit,
der muss essen, was übrig bleibt
(und anderes Weihnachtsgebäck).
(Natürlich wird nicht nur gebacken!!)
(Hexe Lilli und ich haben eingekauft.)
(Bringt etwas Knete oder Geld mit!)
(Dann teilen wir uns den Spaß.)

(Um..........Uhr geht's los!)

(Um .... ist der Ofen aus!)

Plätzchenwettbewerb

Lilli hat acht Häufchen mit Plätzchen gebildet. Das erste Häufchen besteht aus einem Plätzchen, das zweite aus zwei, das dritte aus drei und so fort.
Die Spielregel für zwei Mitspieler bestimmt, dass jeder Mitspieler von einem einzigen Häufchen oder höchstens von zwei Häufchen Zug um Zug so viele Plätzchen nehmen darf, wie er mag. So kann er z. B. in einem Zug von einem Häufchen nur eines oder sogar von zwei Häufchen alle Plätzchen wegnehmen. Die Spieler wechseln sich immer ab. Gewonnen hat der, der dem Gegner das letzte Plätzchen übrig lässt.

Für den Plätzchenwettkampf kann man selbstverständlich auch fertige Plätzchen nehmen. Selber backen ist aber viel, viel schöner! Deshalb hier die Rezepte für Sterne und Monde.

Süße Sterne

- 125 g Margarine
- 200 g Marzipanrohmasse, gewürfelt
- 75 g Zucker
- 1 Päckchen Vanillezucker
- 1 Ei
- 300 g Mehl
- 1 TL Backpulver

Lilli verrührt Marzipan, Margarine, Zucker, Vanillezucker und das Ei. Dann verknetet sie das Ganze mit Mehl und Backpulver. Sie rollt den Teig messerrückendick aus, sticht Sterne aus, die sie mit Eigelb bestreicht und mit Hagelzucker bestreut.
Die Sterne backt sie bei 175 Grad auf einem mit Backpapier belegten Backblech ungefähr 10 Minuten lang.

Saure Monde

- 60 g Mehl
- 50 g Butter
- 20 g Zucker
- 2 Tropfen Zitronenaroma
- 1 Prise Salz
- 1 Eigelb

Lilli knetet aus Mehl, weicher Butter, Zucker, Zitronenaroma, Salz und Eigelb einen glatten Teig, den sie eine Stunde lang in den Kühlschrank verbannt. Auf einer bemehlten Fläche rollt sie den Teig ½ cm dick aus, sticht Halbmonde aus und backt sie 10 Minuten bei 175 Grad. Mit einem Guss aus 75 g Puderzucker und einem EL Zitronensaft gibt Lilli dem Mond einen silbernen Glanz.

11 Plätzchenhalma

Nach dem Plätzchenbacken stellt Lilli ihren Gästen eine schwierige Aufgabe. Vor sich hat sie eine Reihe mit fünf Feldern gemalt, in die sie zwei Mond- und zwei Sternplätzchen legt.

Die Sternplätzchen sollen nun mit den Mondplätzchen die Plätze tauschen. Das muss nach der folgenden Regel geschehen: Jedes Plätzchen darf auf ein freies Feld vorrücken. Außerdem darf es ein anderes überspringen, wenn es dabei auf einem freien Feld landet (wie beim Halma). Kein Plätzchen darf rückwärts wandern!

Das rauchende Hexenhaus

Natürlich hat Lilli sich für ihr weihnachtliches Hexenhaus etwas ganz Besonderes ausgedacht: Sie will ein Hexenhaus, das wirklich raucht.
Zuerst baut Lilli das frei stehende Haus.
Anschließend dekoriert sie es mit Plätzchen und Zuckerzeug.
Die Dekoration wird mit Zuckerguss (siehe Seite 33) aufgeklebt.

Erst wenn alles hart und fest ist, stellt sie das Haus über ein Tellerchen, auf dem sie eine Räucherkerze platziert hat. Selbstverständlich ist sie besonders vorsichtig und lässt das Hexenhäuschen nur rauchen, wenn sie im Zimmer ist. Sie will ja nicht, dass die Feuerwehr kommen muss!

Und so baut Lilli das Gerüst für das rauchende Hexenhaus. Sie hat sich einen Bogen Bastelkarton besorgt. Daraus schneidet sie ein Rechteck (30 cm x 20 cm) für das Dach. In der Mitte, bei 15 cm, zieht sie einen Querstrich und drückt den Karton auf dieser Linie mit dem Rücken des Bastelmessers ein, damit er sich besser zu Dachform knicken lässt.

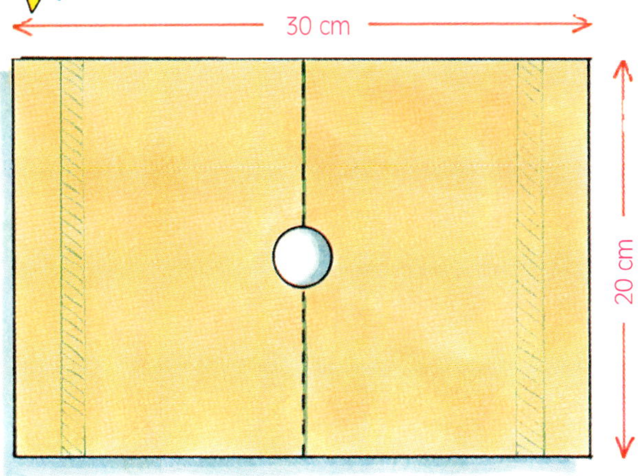

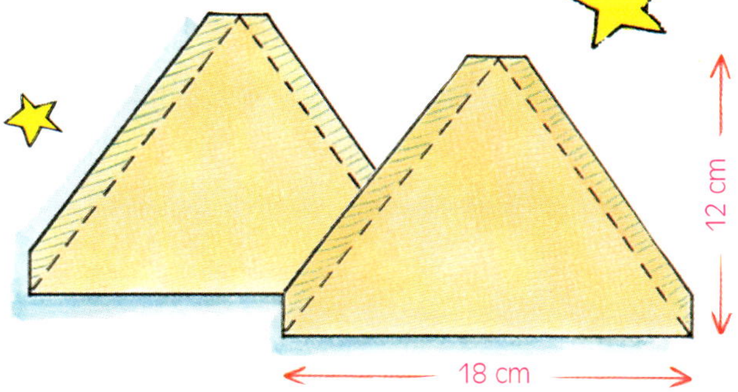

In die Mitte schneidet sie außerdem ein 3 cm großes Loch für den Schornstein. Jetzt macht sie die Giebelseiten. Dafür schneidet sie zwei Dreiecke aus (vergl. Skizze). Entlang der gestrichelten Linien drückt sie den Karton ein, knickt die schmalen Ränder nach hinten, streicht Kleber darauf und klebt die Dreiecke zwischen die Dachseiten.

Nun muss Lilli nur noch ein 12 cm x 7 cm großes Rechteck ausschneiden, aufrollen und in die Dachöffnung stecken. Jetzt kann der Schornstein rauchen.

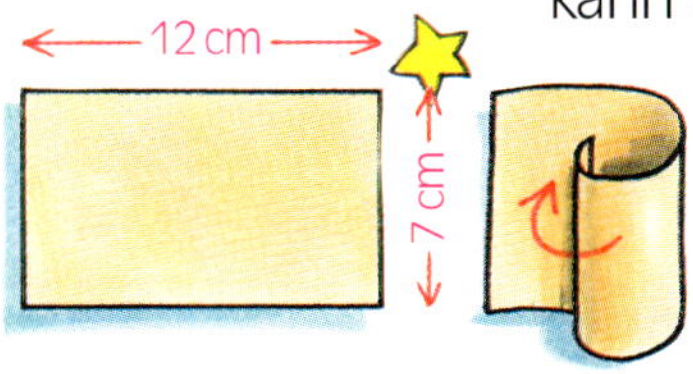

- 1 Bogen Bastelkarton
- Schere
- Messer
- Bleistift
- Kleber

44 BRATAPFELNACHMITTAG

Die Bratapfelerfindung

Advent, Advent,
das Rathaus brennt!
Die Wasserleitung zugefroren,
das schöne Rathaus scheint verloren.
Wo kriegen wir bloß Wasser her?,
Schreit die gesamte Feuerwehr.

Es brennt, es brennt!
Knecht Ruprecht rennt.
Was schleppt er dort bloß huckepack
in diesem großen Weihnachtssack?
Mit Äpfeln, Nüssen, Pfefferkuchen
braucht man das Löschen nicht versuchen!

Advent, Advent,
Knecht Ruprecht rennt.
Und Sack für Sack wird angeschleppt.
Was hat er wohl darin versteckt?
Wir brauchen Wasser, guter Mann,
damit man damit löschen kann!

Advent, Advent,
Knecht Ruprecht rennt.
Türmt Sack auf Sack ganz eng ums Haus
und löscht damit das Feuer aus.
Schon bald darauf liegt Apfelduft
süß, lieblich, würzig in der Luft.

So ward erfunden im Advent,
der Bratapfel, den man heut kennt.
Knecht Ruprecht bittet zu verkünden,
die Rathäuser nicht anzuzünden.
Lasst Bratäpfel im Ofen garen,
das hilft auf Dauer Kosten sparen!

EINLADUNG

Liebe/r..

Lasst uns dem kalten Winter eins verbraten!

Ich lade dich ein

zu einem herzhaften Bratapfelnachmittag.

Du findest den Backofen in:

....

Du darfst von mir erwarten:

...... Bratäpfel, Apfelpunsch, Spiele und gute Laune.

Ich darf von dir erwarten:

eine große Portion Hunger und Spielfreude.

Dein/e

....

46 BRATAPFELNACHMITTAG

Bratäpfel

- 4 Äpfel
- 8 EL Zucker
- 4 EL Butter
- ½ l Wasser

Lilli entfernt mit dem Apfelausstecher das Kerngehäuse der gut gewaschenen Äpfel. Dann gibt sie die Äpfel in eine feuerfeste Form, bestreicht sie oben mit Butter und streut Zucker darüber. Dann wird das Wasser in die Form gegossen. Die Äpfel braten bei 200 Grad 20 Minuten lang, bis sie gar sind. Vanilleeis und süße Zimtschlagsahne schmecken dazu besonders gut.

Man kann die Bratäpfel auch füllen. Lillis Gäste mischen sich ihre eigene Füllung zurecht. Als Zutaten hat Lilli bereitgestellt: verschiedene Marmeladen, Pflaumenmus, Preiselbeeren, gehackte Nüsse und Mandeln, Rosinen, braunen Kandis, Marzipan und Johannisbeergelee.

Leon setzt seinem Bratapfel einen Hut aus Eischnee auf. Den Eischnee hat Mama aus 2 steif geschlagenen Eiweiß und 60 g Zucker zusammengemischt. Diesen Schnee gibt Leon nun auf den gebratenen Apfel, den er dann noch mal kurz in den Backofen schiebt, damit der Eischnee fest wird.

Duftende Apfeltaschen

- roter und grüner Filz
- Bast
- Nadel und Faden

Lilli und ihre Freunde basteln „duftende Apfeltaschen" – eine tolle Überraschung für die Eltern.

Jeder schneidet aus einem ca. 20 x 30 cm großen roten Filzstück 2 Kreise von je 14 cm Durchmesser, legt sie aufeinander und näht sie dicht am Rand zusammen, bis auf eine etwa 5 cm breite Öffnung. Dann wird aus grünem Filz ein ungefähr 8 cm langes Blatt ausgeschnitten und die Tasche mit der Duftmischung gefüllt.

Anschließend wird das Filzblatt ein Stück weit in die Öffnung geschoben und die Apfeltasche ganz zugenäht. Damit die Eltern die Apfeltasche aufhängen können, nähen die Kinder noch ein Stück Filz oder Bast an.

Die Duftmischung besteht übrigens aus Gewürznelken, Zimtstangen, Anissternen, Kiefernnadeln, einem Lebensbaumzweig sowie getrockneten Orangen- und Zitronenschalen.

Apfelleuchter

Aus einem schönen rotbackigen Apfel lässt sich ein schöner Apfelleuchter herstellen. Man entfernt den Apfelstiel, schneidet mit dem Messer eine passende Mulde in den Apfel und setzt ein Teelicht hinein. Dann auf Zahnstocher kleine Süßigkeiten, Rosinen, Erdnüsse, Obst- und Käsestückchen stecken und seitlich in den Apfel spießen.

48 BRATAPFELNACHMITTAG

Jetzt ist es Zeit für eine Bastelpause. Aber vorher muss noch ein Bilderrätsel gelöst werden. Wer es herausbekommt, weiß, was es gleich für eine Überraschung gibt.

12 Bilderrätsel

Die Anfangsbuchstaben ergeben hintereinander gelesen ein Wort.

Apfelpunsch

- 1 Flasche Apfelsaft
- 1 Nelke
- 1 Zimtstange
- 1 ungespritzte Zitrone
- 1 El Honig
- Saft von Apfelsinen

Lilli erhitzt in einem Topf den Apfelsaft mit der Nelke und der Zimtstange. Sie schneidet die Zitrone in Scheiben, fügt diese hinzu und lässt das Ganze 5 Minuten ziehen. Dann angelt sie mit einem Löffel oder Sieb die Zitronenschalen und Gewürze heraus und süßt mit Honig. Erst jetzt gibt sie den Saft von 2 ausgepressten Apfelsinen dazu, damit die wertvollen Vitamine der Apfelsine nicht leiden. So ist der Punsch gesund und schmeckt gut.

Womit fängt der Tag an und hört die Nacht auf?

13

In welche Gläser kann man am besten gießen?

14

15 Das Punschrätsel

Lilli legt aus Streichhölzern ein Glas und da hinein ein Plätzchen. Wer schafft es, dass das Glas auf dem Kopf steht und das Plätzchen nicht mehr im Glas ist? Als Bedingung gilt: Es dürfen nur zwei Hölzchen umgelegt werden.

Gläserorgel

Bevor Lilli den Punsch einschenkt, führt sie ihren Gästen die Gläserorgel vor. Auf dem Tisch stehen mehrere Gläser (am besten solche aus dünnem Glas). Sie sind mit Wasser gefüllt, allerdings unterschiedlich voll. Mit der linken Hand hält Lilli das Glas unten fest, dann leckt sie an ihrem Zeigefinger und lässt die angefeuchtete Fingerkuppe auf dem Glasrand kreisen. Plötzlich erklingt ein feiner, zauberhafter Ton. Je voller das Glas, desto höher der Ton. Leon will es ihr nachmachen. Aber es klappt nicht.

„Deine Finger sind zu fettig", sagt Lilli lachend. Und tatsächlich. Nachdem Leon sich die Hände gewaschen hat, klingen die Gläser auch bei ihm.

Ein Krippenspiel

Jetzt geht es mit Riesenschritten auf Weihnachten zu. In der Schule wird das Krippenspiel aufgeführt.
Lilli hat mit ihrer Klasse schon ziemlich früh mit den Vorbereitungen begonnen. Man braucht schließlich viel Zeit zum Üben, bis alles so gut funktioniert wie hier:
Die „Bühnenkinder" laufen im Kreis herum. Gemeinsam singen sie die erste Strophe ihres Liedes.

Es wird gesungen auf die Melodie von „Ihr Kinderlein kommet."
Mit jeder Strophe kommen weitere Kinder in ihren Kostümen hinzu. Das Publikum wird eingeladen den Refrain mitzusingen:

„Kommt her, all ihr Kinder, von nah und von fern. Gemeinsam zu feiern, das haben wir gern."

Die anderen Kinder könnten mit Flöten oder Orff-Instrumenten das Spiel begleiten. Z.B. auch zwischen den gesungenen Strophen. Man könnte zusätzlich auch landestypische Instrumente einsetzen.

Ihr Kinderlein kommet

16 ? Wer kann es richtig zuordnen?

Fröhliche Weihnachten - Finnisch
Joyeux Noël - Englisch
Merry Christmas - Schwedisch
Hauskaa Joulva - Polnisch
Wesolych Swiat - Deutsch
Buen Natale - Niederländisch
Vrolyk Kerstfest - Französisch
Feliz Navidad - Chinesisch
God Jul - Italienisch
Sheng Dan Kuai Le - Spanisch

„Hauskaa Joulva!"
Wer fliegt denn dort ein?
Das kann doch aus Finnland
der Eero nur sein!

Seht Jacqueline aus
Frankreich, sie ist schon zur Stell.
Bringt duftende Kräuter und sagt:
„Joyeux Noël!"

*Die Kinder aus Polen**
verkleiden sich auch.
"Wesolych Swiat!", tönt's nach
polnischem Brauch.

* *In Polen bringen Teufelchen und Engelchen die Geschenke.*

54 ES WEIHNACHTET SEHR

Es ist draußen sehr kalt geworden. Schon seit Tagen schneit es. Lilli findet das toll. Doch sie weiß auch, dass die Vögel jetzt kaum noch was zu fressen finden. Deshalb überlegt sie, wie sie ihnen helfen kann.

Futterglocken, Meisenscheibe

- Tontopf
  ½ Kokosnussschale
  Käseschachtel aus Holz
- Zweige
- Schnur/Kordel
- Rindertalg
- Vogelfutter

Lilli bohrt die Kokosnusshälfte und die Käseschachtel an. Durch die Löcher von Tontopf und Kokosnussschale steckt sie Zweige, an denen die Vorratsbehälter später aufgehängt werden. Die Käseschachtel wird direkt an der Schnur befestigt. Dann erhitzt sie Rindertalg, bis er flüssig ist, und gibt Sonnenblumenkerne oder gekaufte Vogelfuttermischung hinzu. Die noch flüssige Masse füllt sie vor dem Erkalten in die vorbereiteten Futtergefäße.

Eisblumenbilder

Das ist echte Hexerei! Bilder, die sich von selbst malen.
An einem sehr kalten frostigen Abend legt Lilli eine Glasscheibe oder einen verglasten Bilderrahmen auf die Fensterbank oder den Balkonboden. (Vorsicht, dass er nicht herunterfallen kann!) Jetzt nur noch Wasser darüber gießen. Den Rest erledigt über Nacht der Frost.

Tontopfglocken

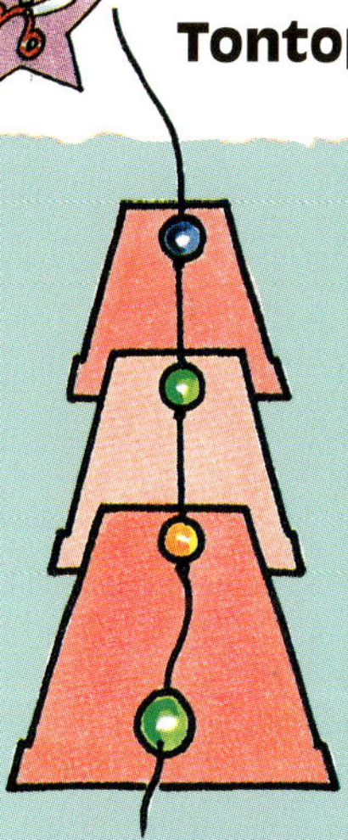
Grundform

- Tontöpfe in 3 verschiedenen Größen
- Schnur/Kordel
- Plakafarbe
- Goldfolie
- Watte
- je 5 dicke Holzperlen

Die Holzkugeln müssen natürlich dicker sein als die Löcher in den Tontöpfen. Nachdem Lilli die erste Kugel eingeknotet hat, hängt sie die kleinste Glocke auf. Nun führt sie den langen Restfaden durch die mittlere Glocke und Lilli probiert aus, an welcher Stelle die zweite Kugel eingeknotet werden muss, damit die Glocke im passenden Abstand hängt. Nachdem auch diese Kugel richtig sitzt, hängt sie die dritte Glocke auf. Jetzt muss sie nur noch die vierte Kugel so einknoten, dass sie wie ein Glockenschlegel an den unteren Rand der großen Glocke schwingen und schlagen kann. Durch das Gewicht der fünften Kugel, die ganz ans Ende kommt, hängt die Schnur schön straff. Reichlich verziert ergibt das Ganze einen wunderschönen Christbaumschmuck.

Leuchtiglu

Auf ihrer Fensterbank hat Lilli Schneebälle zu einem kleinen Iglu aufgeschichtet und ein Teelicht in den Hohlraum gestellt. Die schönste Weihnachtsbeleuchtung, die man sich wünschen kann!

Es sind nur noch ein paar Tage bis Weihnachten. Höchste Zeit an das Verpacken der Geschenke zu denken!

Weihnachtspapier

Mit Wachsmalstiften malt Lilli verschiedene Weihnachtsmotive auf unbedrucktes Packpapier.

Anschließend trägt sie mit einem dicken Pinsel oder einem Schwamm Wasserfarbe auf. Das sieht überraschend schön aus!

Überraschungsrolle

- Toilettenpapierrolle (leer)
- Weihnachtspapier (17 x 28 cm)
- Geschenkband

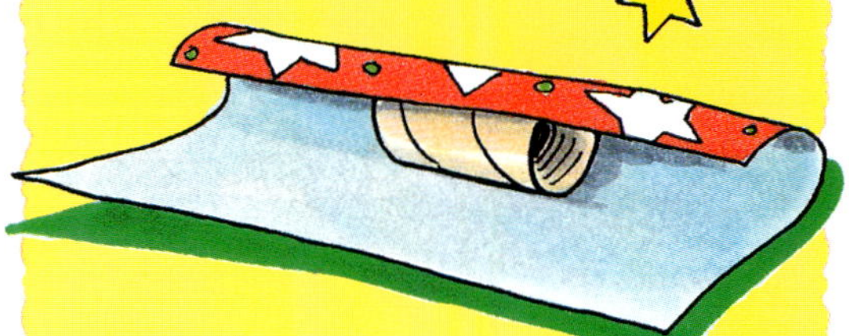

Lilli umklebt die Toilettenpapierrolle so mit ihrem Weihnachtspapier, dass es an beiden Seiten etwa 9 cm übersteht. Die beiden Enden werden mit Geschenkband zugeschnürt. Die Rolle sieht aus wie ein Riesenbonbon.

Schneegestöber

- 1 Bogen Seidenpapier
- 1 Kuchenblech oder Metalltablett
- 1 Glasscheibe
- 1 Woll- oder Seidentuch
- 1 Stapel Bücher

Aus dem Seidenpapier schneidet Lilli viele ca. 3-4 cm große Sterne (Schneeflocken) und legt sie auf das Kuchenblech. Über dem Blech baut sie aus den Büchern und der Glasplatte eine Brücke. Nun reibt Lilli mit dem Tuch kräftig über die Glasplatte. Wie von Geisterhand bewegt fangen die Schneeflocken an herumzutanzen.

Weihnachtstüte

Lillie faltet einen Bogen DIN-A4-Papier so, dass die eine Hälfte 1 cm weit übersteht. Diesen überstehenden Rand schlägt sie um und klebt ihn fest. Dann schmückt sie das Papier. Sie kann es bemalen oder bekleben.

So faltet Lilli den Tütenboden:

Sie drückt die Ecken nach oben und wieder zurück.

Dann faltet sie sie nach innen und klappt die entstandene Spitze auf.

Die Spitzenenden werden eingeklappt und festgeklebt.

Am Schluss macht Lilli noch die Löcher für das Geschenkband.

ALLGEMEINE RUNDE

A **Welcher Kaiser regierte, als Jesus geboren wurde?**

1. Wilhelm
2. Augustus
3. Julius Cäsar

B **In welcher Stadt wurde das Jesuskind geboren?**

1. in Bethlehem
2. in Jerusalem
3. in Oberammergau

C **In welchem Gebäude wurde das Jesuskind geboren?**

1. in einer Autobahnraststätte
2. in einer Herberge
3. in einem Stall

D **Das Jesuskind lag in**

1. ...einer Futterkrippe
2. ...einer Hollywoodschaukel
3. ...einem Kinderwagen

E **Welche Tiere waren im Stall?**

1. Hahn und Henne
2. Ochs und Esel
3. die Bremer Stadtmusikanten

FAMILIENQUIZ

F Womit ist die Heilige Familie gereist?

1. mit der Bahn
2. mit einer Kamelkarawane
3. mit einem Esel

G Was war Josef von Beruf?

1. Dachdecker
2. Zimmermann
3. Papst

H Was hat Maria dem Jesuskind geschenkt?

1. ein Lamm
2. einen selbst gestrickten Pullover
3. ihre ganze Liebe

I Worüber haben sich Josef und Maria am meisten gefreut?

1. über die Geschenke der Hirten und Könige
2. über den Schmettergesang der Jubelengel
3. über die Geburt des Jesuskindes

J Wen musste die Heilige Familie am meisten fürchten?

1. Herodes, den König der Juden
2. Luzifer, den obersten Teufel
3. die Rache der Gallier

QUIZRUNDE FÜR WEIHNACHTSLIEDSPEZIS

K Oh Tannenbaum, oh Tannenbaum, wie…

1 …schwer sind deine Blätter.
2 …grün sind deine Blätter.
3 …wird denn wohl das Wetter.

L Nikolaus, komm in unser Haus…

1 …pack schnell die Geschenke aus!
2 …park dein Auto hinterm Haus!
3 …pack die große Tasche aus!

M Stille Nacht, heilige Nacht…

1 …alles schläft, einsam wacht…
2 …keiner schläft, bis halb acht…
3 …einer schnarcht, dass es kracht…

N Was soll das bedeuten?…

1 …Das frag ich mich auch.
2 …Es taget ja schon.
3 …Es ist schon halb acht.

O Leise rieselt der Schnee…

1 …still und starr liegt der See.
2 …Bill, der Star, trinkt gern Tee.
3 …schneit's auf den Kopf, tut es weh.

KÖNIGLICHE QUIZRUNDE

P **Welche Menschen besuchten das Jesuskind zuerst?**

1 die Heiligen Drei Könige aus dem Morgenland
2 die drei Weißen aus dem Abendland
3 die Hirten auf dem Felde

Q **Wie hießen die drei Könige?**

1 Kasperle, Boris und Dragoslaw
2 Kaspar, Melchior und Balthasar
3 Jasper, Michaelow und Lukas

R **Was zeigte den drei Königen den Weg zur Krippe?**

1 die Kristallkugel
2 der Stern
3 die Leuchtrakete

S **Welche Geschenke brachten die drei Könige?**

1 Cherubim, Seraphim und Glyzerin
2 Gold, Weihrauch und Myrrhe
3 Edelsteine, Wertpapiere und Inlineskates

LÖSUNGEN

Rätsel 1

ADVENTSKRANZ
KLASSENRAUMSCHMUCK
ADVENTSGEDICHT
TANNENDUFT
WEIHNACHTSLIEDER
BARBARAZWEIGE
KERZENSCHEIN
WEIHNACHTSMARKT
WEIHNACHTSKRIPPE
GESCHENKPAPIER
CHRISTBAUMSCHMUCK

Rätsel 2

29 Schnitte

Rätsel 3

Kilometer

Rätsel 4

Probier es aus!

Rätsel 5

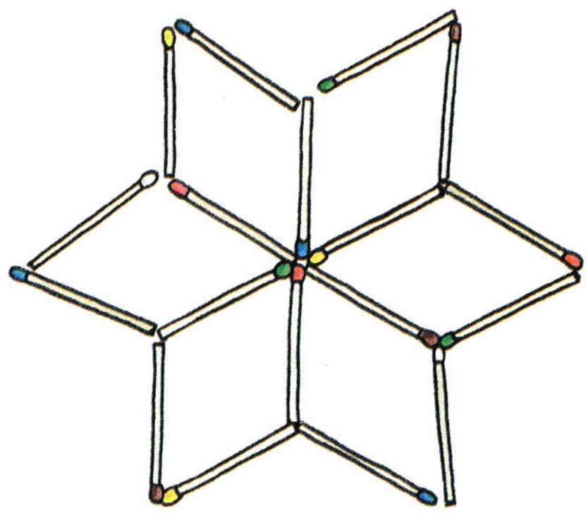

Rätsel 6

das Streichholz

Rätsel 7

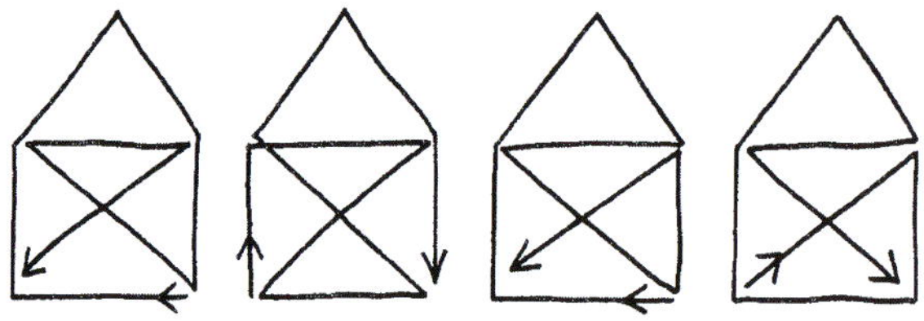

Rätsel 8

mindestens drei Rentiere

Rätsel 9

Knecht Ruprecht trägt 5 Säcke,
der Nikolaus 7 Säcke

Rätsel 10

Natürlich vier, denn vier Nikoläuse stricken an einem Tag einen Socken.

Rätsel 11

Rätsel 12

Apfelpunsch

Rätsel 13

mit dem Buchstaben T

Rätsel 14

in leere Gläser

Rätsel 15

Rätsel 16

Fröhliche Weihnachten	Deutsch
Joyeux Noël	Französisch
Merry Christmas	Englisch
Hauskaa Joulva	Finnisch
Wesolych Swiat	Polnisch
Buen Natale	Italienisch
Vrolyk Kerstfest	Niederländisch
Feliz Navidad	Spanisch
God Jul	Schwedisch
Sheng Dan Kuai Le	Chinesisch

Quiz

A2) Augustus
B1) in Bethlehem
C3) in einem Stall
D1) in einer Futterkrippe
E2) Ochs und Esel

Quiz

F3) mit einem Esel
G2) Zimmermann
H3) ihre ganze Liebe
I3) über die Geburt des Jesuskindes
J1) Herodes, den König der Juden

Quiz

K2) . . . grün sind deine Blätter.
L3) . . . pack die große Tasche aus!
M1) . . . alles schläft, einsam wacht . . .
N2) . . . Es taget ja schon.
O1) . . . still und starr liegt der See.

Quiz

P1) die drei Könige aus dem Morgenland
Q2) Kaspar, Melchior und Balthasar
R2) der Stern
S2) Gold, Weihrauch und Myrrhe

REGISTER

Aktivitäten

Basteleien

Gedichte

Lieder

Rätsel

Rezepte

für Weihnachtsstern,
Seite 28
Rätselstern,
Seite 23